こんなに核兵器に恐ろしい

鈴木達治郎・光岡華子 =著

②核兵器のない世界へ

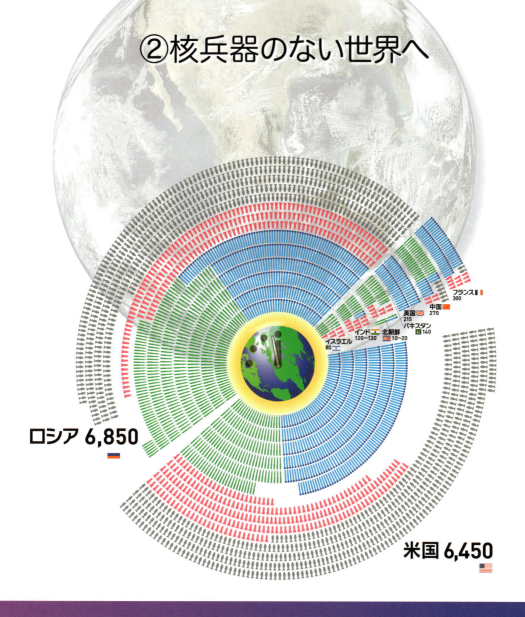

はじめに

　私たちの国、日本は世界で唯一の核兵器による被爆国です。

　世界の核兵器をめぐる情勢はきわめて危ういものがあります。

　近年の北朝鮮の核兵器実験は、アメリカと旧ソ連（ソビエト連邦＊）の冷戦以降、しばし語られることの少なかった「核の危機」が、いまだ身近なものであることを私たちに実感させました。

　このような時代に、「核兵器はどのようにして生まれたのか？」「どのような仕組みの兵器なのだろうか？」など、改めて核兵器の歴史と核兵器の恐ろしさを子どもたちに伝えることが急務となっています。

　そして、未来に核兵器のない世界を創るために、私たちは今何をしなければならないのでしょうか？

　この本を手に取ったあなたが、少しでもこの課題を身近に感じ、考えてくれることを願っています。

鈴木達治郎（長崎大学核兵器廃絶研究センター長）

＊ソビエト連邦　＝正式にはソビエト社会主義共和国連邦。1922年に、複数の共和国からなる連邦国家として誕生。国土はユーラシア大陸の北部、ヨーロッパからアジアにまたがる広大な地域を占め、世界政治においてアメリカ合衆国と並ぶほどの影響力を持った。1991年、ゴルバチョフ大統領時代に、連邦は解体。現在はロシア連邦がそのほとんどを受け継いでいる。

I 核兵器の現状

世界終末時計　8
人類の破滅までのカウントダウン

どのくらい世界にあるの？　10
14,450 発に減ったけれど……

使える核兵器？　12
威力の小さい核兵器の開発

そのほかの大量破壊兵器　14
核兵器以外の恐ろしい発明

抑止力っていうけれど　16
「冷戦」と「代理戦争」と「核の傘」

被爆者への医療面の対応　18
70 年以上たった今でも

世界のヒバクシャ　19
今も人びとを苦しめる核の爪あと

Ⅱ 新たなる脅威

核テロリズムの脅威 20

新たなる脅威を前に

増加する核物質 21

残ってしまう核兵器の材料

原子力平和利用と核拡散 22

平和のための利用であっても

イランの核開発問題 24

高まる中東の緊張

北朝鮮の核問題 26

アメリカとの対立、気になる交渉の行方は…

進まない核軍縮 28

実戦配備の核弾頭はあまり減っていない

冷戦の復活──トランプ政権の新たな核戦略 30

より加速するアメリカ一強体制

目　次　5

Ⅲ 核兵器をなくすためには

「非人道性」からのアプローチ　32

人間が持ってはならない強大な兵器

非核兵器地帯　34

作らない、持たない、持ち込み、攻撃・威嚇も厳禁

核兵器禁止条約　36

人道的にも法的にも核兵器を否定する

ICAN とヒバクシャ　38

若い世代たちによる核兵器廃絶への取り組み

パグウォッシュ会議　40

集まる科学者たちの智慧

核物質はどうする？　42

「処分」できない物質を抱え続けて

Ⅳ　これからの日本の取り組み

核のジレンマ　44

唯一の戦争被爆国として

核抑止からの脱却　46

「北東アジア非核兵器地帯」の実現にむけて

被爆者・被爆地の声とその継承　48

核兵器のない世界をつくるために──伝えていかなければならないこと

世界終末時計

「世界終末時計」、この言葉を聞いたことがあるでしょうか。世界の終わり、すなわち人類の絶滅を時計の午前0時として、それまでの残りの時間を示したものです。世界がどのくらい危険な状態にあるのかを視覚的にとらえることができるよう発案されたものです。一般的に、時計の45分から0分までをクローズアップした図案で表現されています。もちろん、核兵器による脅威のみならず、気候変動、環境破壊などの科学的な進歩の負の側面による脅威なども考慮したうえで、何分前に設定するかが決められています。

この世界終末時計が最初に描かれたのは、1947年のアメリカの科学誌『原子力科学者会報』(Bulletin of the Atomic Scientists) の表紙でした。この時、時計の針は53分を指しており、世界の終末まで"7分前"を示していました。1945年に第二次大戦は終わったはずなのに、なぜまだ危険なのだろう？ と思うかもしれませんが、この時期はアメリカと旧ソ連（今のロシア）の冷戦時代の始まりであり、1945年の広島・長崎の原爆投下以降、両国による核兵器開発競争が加熱していた時期なのです。

この終末時計の分針の修正に関しては、最初の登場以降『原子力科学者会報』が定期的に委員会を設け検討しており、2018年までに24回修正されています。そのうち最も針が進んだのは"2分前"で、冷戦期の1953年、そして2018年の2回です。1953年は、アメリカと旧ソ連が次々に水爆実験に成功した時期だったため、2018年は主に北朝鮮が行った核実験後で、朝鮮半島をめぐる戦争が起こるのではないかという不安から"2分前"とされました。また、最

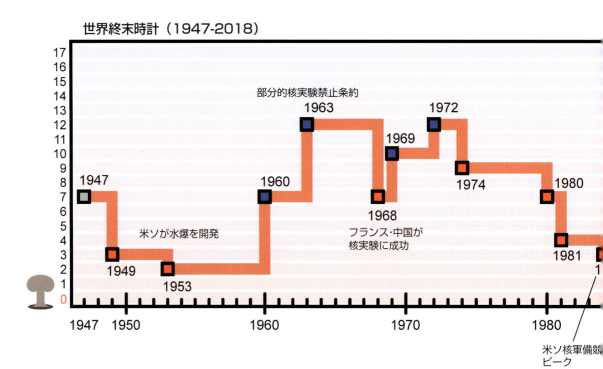

『世界終末時計』、2018年は「2分前」に設定された。

も針が戻ったのは1991年の"17分前"。ソ連の崩壊により、冷戦が終結した時です。

　ちなみに、これまでで唯一秒単位の修正が行われたのが、"3分前"から"2分30秒前"に修正された2017年でした。この時は、アメリカ政権の交代があり、オバマ大統領の次に就任した、トランプ大統領の核廃絶や気候変動対策に対する消極的な発言が要因です。大きく異なる両大統領のタイプが引き起こした反動が進めた"30秒"が、世界に対するアメリカの影響力の大きさを物語っています。

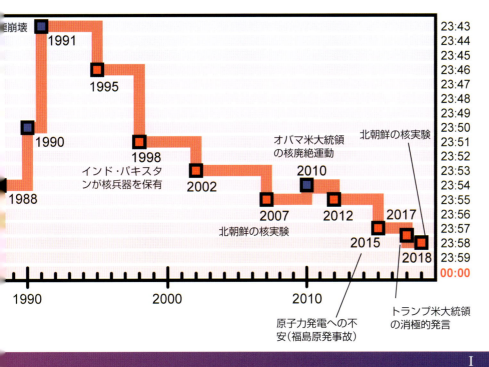

I　核兵器の現状　9

どのくらい世界にあるの？

　核兵器は、1945年8月6日、9日に、アメリカによって日本に投下されて以来、いまだ実戦では使われていません。あんなに恐ろしい威力を持つ兵器を使ってしまったら大変なことになることは誰にでもわかります。ですが今（2018年6月時点）、世界には14,450発の核兵器があると推定されています。

　皮肉なことに1945年8月6日、9日は、「核の時代」のはじまりを告げた日だったのです。列強国はこの核兵器が持つ威力を、広島と長崎で知ったからこそ、軍事力としてさらにそれを利用することを考えました。その強大さゆえアメリカは核兵器開発の技術が広まってしまうことを恐れますが、旧ソ連が開発に成功し、またその他いくつかの列強国も、開発のため、より威力を強めるための実験をくり返しました。たび重なる実験によって大気は汚染され、多くの人びとが核兵器の開発に反対する運動も盛んになりました。第3次世界大戦への不安を抱えながら、1980年代後半の冷戦期のピークの頃には、核兵器の数は過去最多の約7万発にもなってしまったのです。

　しかし、1970年に発効した「核不拡散条約」（NPT）、まだ発効できていませんが「包括的核実験禁止条約」（CTBT）や、2017年に成立した「核兵器禁止条約」などにより、核兵器の開発を進めないことや核兵器を削減すること、そして核兵器の使用や所有を世界中で禁止することへの国際的な声も高まっていきました。今の核兵器の数は最も多かったころに比べるとかなり減っています。減っていると言われても、14,450発は多いと思うでしょう。少なければいいという話でもないのですが、こんなに必要なのだろうか、と考えてしまいます。

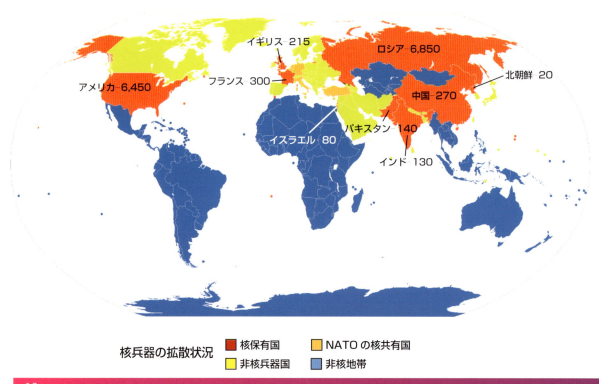

核兵器の拡散状況

■ 核保有国　■ NATOの核共有国
■ 非核兵器国　■ 非核地帯

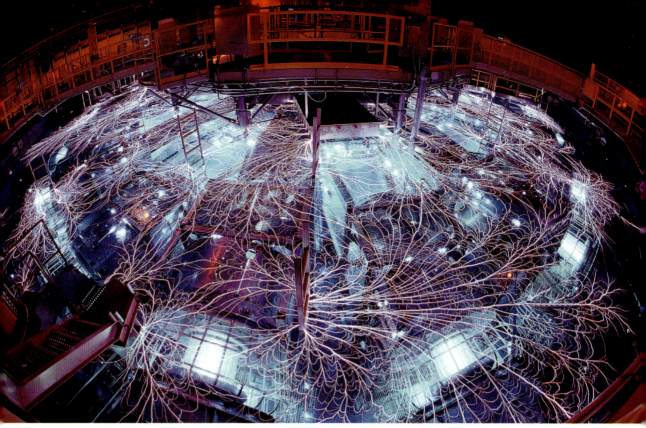

アメリカの最新核融合実験装置「Zマシーン」

　そんな14,450発は、どこの誰が持っているのか？　核兵器を持っている国のことを核保有国と呼びます。核保有国は現在9ヵ国。アメリカ、ロシア、イギリス、フランス、中国、イスラエル、パキスタン、インド、北朝鮮です。圧倒的に保有数が多いのは、冷戦期の流れからわかるようにロシア、アメリカの2ヵ国で、全体の約9割を占めています。ロシアが6,850発、アメリカが6,450発もの核兵器を保有していて、他7ヵ国の保有数はそれぞれ、フランス300発、中国270発、イギリス215発、イスラエル80発、パキスタン140発未満、インド120～130発、北朝鮮10～20発とされています。

　核兵器は、いちおう減り続けてはいますが、数が減っても安心はできません。なぜなら、核兵器そのものの開発研究は依然として進められているからです。そもそも核兵器は、取り扱いには最大限の注意が必要な精密機器であり、放っておくと核物質の劣化などがおこるため、定期的なメンテナンスを必要とします。つまり維持するのにも、手間やお金がかかります。数自体は減っても、研究開発によって核兵器は最新型が開発され、すでに製造された核兵器もより高性能なものに更新されています。核兵器を管理するシステム自体の向上化もなされています。

　核実験が禁止されても、シミュレーターによる模擬実験が行われています。ストックホルム国際平和研究所によると、このような研究開発は、とりわけ五大核保有国（アメリカ、ロシア、イギリス、フランス、中国）において急速に進められており、軍事力に莫大な費用がかけられています。核兵器国の中でも国の方針や政策について最も情報を公開しているアメリカは、今後25年間で1兆ドルにも上る予算をつぎ込もうとしています。

Ⅰ　核兵器の現状

使える核兵器？

　人類史上最大の核兵器は、旧ソ連が生み出した「ツァーリ・ボンバー」という水爆です。1961年の実験は、実際の威力の約半分に抑えて行われましたが、それでもヒロシマ型原爆の約3,300倍もの威力に達しました。2,000km離れた場所からでも爆発が確認されたほどです。より強力な核兵器を生み出すことは、人類にとっての脅威と言えるでしょう。

　しかし、ここまで強力な核兵器を仮に使ってしまったらどうなるかを考えると、被害の大きさは言うまでもなく、落とされた場所を中心に、かなりの広範囲に影響が及ぶことになります。被災した地域が復旧することは難しくなり、さらには、使ってしまった場合、国際的な非難は相当なものとなります。

　となると、使うことが想定できないほど強力な核兵器を持つことのメリットは少なく、あまりにも強力すぎることが逆に「使うはずがない」「使えるはずがない」という考えを生みます。これでは他国にとって脅威ではなくなってしまいます。

　ほら、核兵器なんていらないじゃないか！　と言いたいところですが、そこで進められているのが核兵器の"小型化"なのです。いわゆる使いやすさ、を求めているのですが、これはこれで恐ろしい話です。小型化されれば運搬がしやすくなり、遠くまでも飛ばすことができ、命中力も高められるのです。残念ながら、技術の進歩はこのようなところに活かされてしまっています。

　威力が強力な大きな核兵器ではなく、現代では「小型化のいつでも使える核兵器」が脅威となっています。小型化で一つ一つの威力が抑えられたとしても、小さいからこそ同時に複数発利用することも可能になるわけですから、結局引き起こされる被害の大き

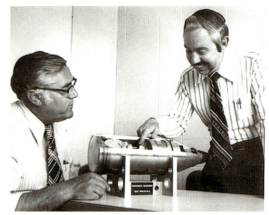

W48 核砲弾、アメリカ軍の標準的な155mmのサイズで作られていた。

W23 核砲弾、アイオワ級戦艦の16インチ艦砲向けに開発された。

1955年、アメリカのウィグワム作戦。対潜水艦用の核爆雷の実験。

W23 核砲弾を装備していた、アメリカ海軍の戦艦アイオワ（1990年に退役）。

アメリカ海軍の戦艦ミズーリ上に並べられる劣化ウラン弾 Mark 149。

さに差はないでしょう。

　この小型化の動きは、拳銃の小型化の話で考えると分かりやすいでしょう。かつて使われていたものよりも軽くて扱いやすくなれば、当然使える人が増えます。最終的に、銃は力の弱い子どもでも扱えるくらいの大きさ、重さになりました。その結果、子どもたちが少年兵として戦場に巻き込まれていったのです。核兵器は年々減らされているから大丈夫、といった数の問題ではなくなってきているのです。

　また、爆発しない核物質を使用した兵器も問題となっています。核兵器を製造する際に行う、ウラン濃縮でできる残りカス（劣化ウラン）を使用した「劣化ウラン弾」は、通常の金属よりも重さがあるため、砲弾などに使用されています。1990年以降の戦争・紛争でかなりの数が実戦使用されました。飛散したウランが人体に取り込まれてしまった場合の健康被害が懸念されています。

Ⅰ　核兵器の現状　　13

そのほかの大量破壊兵器

　大量破壊兵器とはその名の通り、人間も建造物も一度に大量に破壊・殺傷してしまう軍事的兵器のことです。核兵器（Nuclear Weapon）はよく知られていますが、生物兵器（Biological Weapon）や化学兵器（Chemical Weapon）を合わせて、大量破壊兵器、または頭文字を取ってNBC兵器とも呼びます。

　生物兵器は細菌やウイルス、それらが作り出す毒素などを使用した、人間や動物に対して使われる兵器です。用いられる主な細菌は炭疽菌や天然痘ウイルス、あるいは人工的に作られたウイルスであり、使用されると病気にかかったり人から人へ感染して被害範囲が拡大したりするため、特定地域の隔離や大量のワクチンが必要になります。このような生物兵器はすでに禁止条約ができており、1972年に署名が開始され1975年に発効されました。生物兵器の開発、生産、貯蔵などを禁止すると共に、保有している生物兵器を廃棄することを目的としたもので、日本は1982年に批准（国会による同意）しています。核保有国の中ではイスラエルがいまだに署名をしていません。このほか17ヵ国と地域が禁止条約に未署名または未批准のままです。

　化学兵器は、第一次世界大戦で登場し大量に使用され、その威力を広く知らしめました。毒性化学物質によって、人間や動植物に対して被害を与える兵器です。初期のものには、化学反

ベトナム戦争における「ランチハンド作戦」、枯葉剤を散布する4機の米軍航空機C-123。400万人のベトナム人が枯葉剤を浴びたとの報告がある。目的は森林を枯らすためだったが、後に人体にも影響を及ぼした。

第二次大戦で使用された、
M47A2 マスタードガス弾（左上）、
Mk116弾（上）はサリンを使用している。

（左）MGR-1A ミサイルの弾頭。
　　　M139 サリン小爆弾が搭載されている。
（下）MGR-1A ミサイルは通常は核弾頭を
　　　装備する。

応を起こして、呼吸器や眼、皮膚などの人体組織にダメージを与える有害物質が使用されました。1930年代後半にはサリンなどに代表される神経性の毒物が開発されました。生物兵器同様、化学兵器も禁止条約があり、1993年に署名が始まり1997年に発効、日本は1995年に批准しています。イスラエルは署名しているものの批准はしておらず、北朝鮮は署名もまだで、合わせて4ヵ国が未批准ということになっています。

　日本では1994年にオウム真理教という団体により、世界で初めての化学兵器による無差別テロが長野県で引き起こされました（松本サリン事件）。死者・負傷者を出したこの事件の後に、1995年にも同団体は東京都地下鉄内で大規模なサリンガスによるテロ事件を起こし、死者12名、負傷者5,510名の大惨事となりました（地下鉄サリン事件）。この事件を受け、日本では国際条約の批准に留まらず、国内法の制定による規制強化が行われました。

　生物兵器も化学兵器も国際条約では禁止されているのですが、テロリストの手によって兵器の使用が引き起こされる可能性は否定できません。そもそも条約を批准していない国もあるため、禁止条約が作られたからといって、使用されないことが必ずしも保証されているわけではないのですが、「国際的に禁止されたものを使う」ということは、国際的な非難を浴びることを意味します。禁止条約という手段は、国際的な規範を作り上げていると言えるので、それなりの影響力を持つことは期待できるのです。

I　核兵器の現状

抑止力っていうけれど

　そもそもなぜ、こんなに恐ろしい核兵器を持つ国があるのかを考えてみましょう。その理由としてわかりやすいのは、自国防衛──自分の国を守るためという考え方です。ここで、核兵器の抑止力という考え方を説明しましょう。

　「抑止力」そのものの意味は「相手にある行動やめさせる力」です。つまり「核兵器を持つことによって、相手が攻撃してくることをやめさせる」ということになります。

　核兵器を持つＡ国と、持たないＢ国で考えてみましょう。Ｂ国は、自分たちよりも強い力を持つＡ国に攻撃を仕掛けようと思うでしょうか？核兵器の威力が大きく、恐ろしいものであるということを知っているので、それをアピールすれば、相手は攻撃意欲を失くしてしまうという考え方です。また、この考え方は、核保有国どうしの関係でも説明できます。核保有国のＣ国とＤ国があるとしましょう。Ｃ国とＤ国は、いつでもお互いの国に対して核兵器発射の準備ができています。この状況でどちらかが核兵器で攻撃を始めれば、必ず相手からも核兵器で反撃されます。核兵器での攻撃はお互いに嫌だから仲良くしましょう、というようにバランスを保つのです。核兵器で攻撃しあえば、おたがいの被害は大変深刻なものになります。核戦争に勝者はないのです。

　お互いを壊滅させるほどの核兵器を持つようになったアメリカと旧ソ連ですが、その対立は「冷戦」と呼ばれ、核兵器の増大や、さまざまな影響を世界にもたらしました。両国が直接に戦争をすることはなくても、朝鮮戦争、ベトナム戦争、インド・パキスタン戦争などの内戦にそれぞれ介入し対立しました。これを代理戦争と言います。

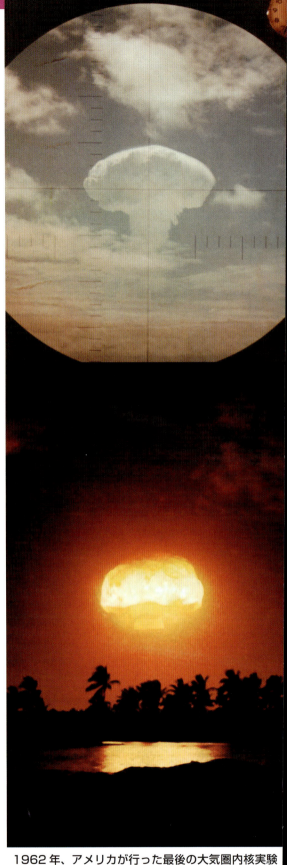

1962年、アメリカが行った最後の大気圏内核実験「ドミニク作戦」。

（上）輸送艦しもきたと米駆逐艦ハルゼー（左）。日米共同統合演習キーン・ソード2015にて。

（左）第三次インド・パキスタン戦争で、降伏文書に署名するパキスタン軍ニザイ将軍。アメリカと旧ソ連は、おたがいを壊滅させる核兵器を持つようになったため、直接戦争することはなかったが、朝鮮戦争、ベトナム戦争、インド・パキスタン戦争などの多くの内戦にそれぞれ介入し、対立した。インド・パキスタン戦争では、インドをアメリカが、パキスタンを旧ソ連が支援。後に、インド、パキスタン両国は核開発を進め、核保有国となる。

　核兵器を持っていない国が、核保有国の抑止力に頼って自国の安全を守ろうとするのが「核の傘」の考え方です。日本も核保有国アメリカと同盟を結び、核兵器によって自国の安全を守ろうとする「核の傘の国」です。他の国では、ドイツやイタリアなどの北大西洋条約機構（NATO、アメリカとヨーロッパ諸国による軍事同盟）の加盟国、アジアでは韓国やオーストラリアがあげられます。

　ですが、核の「抑止力」は、誰もが核兵器の使用を恐れていることが前提となる考え方です。核兵器の使用を恐れない、テロリストのような組織に核兵器が渡ってしまえば、国の管理も何もなく、個人の手で核兵器が使われてしまうという事態になりかねません。核の「抑止力」は「核兵器による攻撃態勢の維持」が前提ですから、そうして核兵器が配備されている限り、盗まれて使われてしまうかもしれないリスクは、かえって高まってしまうということになります。

I　核兵器の現状

被爆者への医療面の対応

　1945年の8月6日、9日から今年で73年目を迎えました。厚生労働省のホームページによると、被爆者の平均年齢は平成30年3月末現在で82.06歳、日本全国47都道府県すべてに被爆者健康手帳を持つ人がおり、合わせて154,859人になります。被爆者とは、爆心地周辺で直接被爆した人、原爆投下後2週間以内入に爆心地から約2kmの区域に入り被爆した人（入市被爆）、原爆投下時とその後に被災者の救護や遺体の処理などで身体に放射線の影響を受ける状況下にいて被爆した人、これらに該当する人の胎内で被曝をした人、のいずれかに当てはまる人を指します。

　被爆者健康手帳とは、被爆者が病気やけがなどで医者にかかりたいとき、この手帳を健康保険証とともに、都道府県知事が指定した医療機関などに持っていけば、無料で診察、治療、投薬、入院などが受けられるというものです。被爆者は、原爆の放射線を浴びたために病気やけがにかかりやすいこと、それらが治りにくいこと、その病気やけがによって認定疾病を誘発する可能性があることなどの理由から、国の負担で医療にかかることができるのです。

　原爆の爆発による主に放射線障害のことを原爆症といいます。放射線被曝は、血液のガンである白血病や、そのほかガンになる確率が高くなります。原爆症と認定されるには発症した病気によっていくつかの基準が設けられており、たとえば白血病であれば被爆地点が爆心地から約3.5km以内、心筋梗塞の場合は約2.0km以内、放射線白内障の場合は約1.5km以内となっています。これらの場合は、通院している医療機関での診断などに基づいて、原爆症であることを認定され、これに当てはまらない場合は、被曝線量やこれまでにかかった病気や、環境因子などの総合的な観点から判断されます。

　しかしながら、原爆症として申請される病気の多くは、被爆者以外の方も発症する病気であり、特に被爆者の平均年齢が82歳を超えた現在では、その発症が生活習慣や年齢によるものなのか、それとも73年前の放射線によるものなのか、その判断は極めて難しくなってきています。そのため今でも被爆者の認定をめぐって訴訟が行われています。

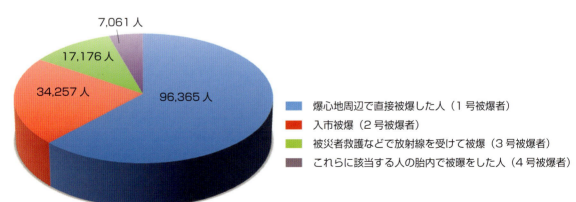

厚生労働省の調査によると、平成30年3月末の被爆者は154,859人になる。

世界のヒバクシャ

"被爆者"と聞くと、広島・長崎で生活をし、被害にあった人をイメージするでしょう。当時その場所には、強制労働で連行されていた中国人や朝鮮人もいます。広島・長崎で被爆した人たちも、別の土地に移動した人もいますし、現在日本を離れ海外に暮らす人もいれば、自分が被爆者であるということを隠しながら生活している人もいます。

また被爆者は、広島・長崎での2発の原爆による被爆者だけに留まりません。1954年にビキニ環礁で行われたアメリカの水爆実験によって、日本のマグロ漁船である第五福竜丸の乗組員23名が、放射性降下物(「死の灰」)を浴びたことで被曝しました。第五福竜丸は、アメリカが定めた危険水域の外にいましたが、水爆の威力は予測以上であり、より広範囲の漁船や島民が被害にあったのです（第1巻「第五福竜丸」参照）。

そして、ヒバクシャは日本のみならず世界中に存在します。世界の被曝者を表すときには"ヒバクシャ"、"Hibakusha"とカタカナまたはアルファベットで表記されます。ヒバクシャが世界中に存在するということは、世界中のあらゆる場所で放射線の汚染があり、環境が破壊されていることを意味します。1巻から何度も触れてきた核実験では、アメリカはネバダ砂漠、マーシャル諸島のビキニ環礁、旧ソ連はカザフスタンのセミパラチンスクなどの人口の少ないところを実験場にしました。これらの場所は、サンゴ礁が破壊され、爆発のクレーターによって地面は陥没し、残留する放射線によって立入禁止になるなど、その環境を大きく変えられてしまったのです。

実験にたずさわった軍の兵士も、そこに住んでいた人たちも被曝をしました。核兵器が作られたアメリカの核施設周辺にも、放射線の影響によって苦しんでいる人たちがいます。核兵器は作る側も、持つ側も、もちろん使われる側も、すべての人や場所に被害を及ぼすのです。核の影響は、すでに世界中に及んでいることがわかるでしょう。

（上）1962年、ネバダ核実験場「サンビーム作戦」。一般の見学者もいる。
（右）セミパラチンスクでは、40年間で456回の核実験が行われた（世界の核実験の4分の1）。核実験の影響で誕生したと見られる奇形児。

Ⅰ　核兵器の現状

核テロリズムの脅威

アルカーイダによって実行された、2001年9月11日の同時多発テロ。炎上するニューヨークの世界貿易センタービル。

　2001年9月11日に起きたアメリカ同時多発テロでは、核兵器こそ使われませんでしたが、核大国アメリカを恐怖の底に陥れました。もし、テロリストたちが核兵器を入手していたらどうなるのか？ アルカーイダ（国際的なテロリズム支援組織）たちが、現実に核兵器を入手しようとしていた証拠が見つかると、そんな不安が現実のものとして感じられるようになりました。

　アメリカが先頭にたち、国際社会は核テロリズム対策に乗り出しました。まず、2002年3月には国際原子力機関（IAEA）に核テロリズム基金を設立、2005年には核テロ防止条約、さらに核物質防護条約が改正強化されました。核テロリズムだけではなく、2004年4月には、国際連合の安全保障理事会で、大量破壊兵器の不拡散に関する決議（UNSCR1540）が採択されました。テロ組織のような「国家ではない機関」（非国家主体）による、大量破壊兵器を使ったテロ行為を防止するための決議です。各国は、この決議が実行できるように、具体的に国内法の整備を行うことが義務づけられました。

　そして、2006年7月のG8サミットでは、アメリカ・ロシア両大統領のリーダーシップにより「核テロリズムに対抗するためのグローバル・イニシャティブ（GICNT）」が提唱されました。GICNTでは、核テロリズム防止のために、各国に、核物質防護対策、核物質の非合法移転（貿易）の防止、核テロの非合法化などを求めています。

　さらに、2009年に就任したオバマ大統領は、「核セキュリティ」（核物質が、テロリストなどの非合法組織に盗難されたり、犯罪に利用されたりすることを防止する対策・制度）の重要性を世界に訴えるため「核セキュリティ・サミット」を2010年から主催。2010年4月にワシントンD.C.にて47ヵ国の首脳を招待して第1回サミットを開催しました。その後、2012年にソウルで第2回（53ヵ国、4国際機関が参加）、2014年にオランダ・ハーグで第3回、そして2016年には再びワシントンD.C.で最後のサミットを開催しました。この4回のサミットにより、多くの国で核セキュリティの重要性が認識され、また毎回各国から具体的な核セキュリティ対策の報告がなされたため、多くの成果がありました。この結果、40以上の国で人材育成のためのセンターが設立され（日本を含む）、30ヵ国以上が国内法の整備を実施、18ヵ国が高濃縮ウランの処分を実施、20ヵ国以上がIAEAから専門家チームの派遣を受け、国内対策の改善のために、チェック・指導を受けました。

　一方で、まだ達成されていないことも多くあります。核セキュリティ・サミットは、軍事用核物質は対象外のままで、プルトニウム在庫の削減については、大きな成果がないままに終わってしまいました。

増加する核物質

　核セキュリティ上からも、核不拡散の観点からも、重要な課題として残っているのが、核兵器の材料に使われる核物質（高濃縮ウランとプルトニウム）在庫量問題です。2016年末現在、世界に存在する分離プルトニウムの在庫量は、推定で518.6トン（長崎型原爆〈6kg〉の86,440発分）。同じく核兵器に直接利用できる核物質である高濃縮ウランは、推定で1,342.5トン（広島型原爆〈64kg〉の20,977発分）となり、合計で核兵器10万発以上の核物質が世界に存在していると推定されます（→43ページ）。

　在庫量を、軍事用（核兵器内に含まれているか、核兵器用として貯蔵されている量）と非軍事用（軍事用にはすでに不要と定義された「余剰」量と、平和利用のために貯蔵されている量）に分けてみましょう。高濃縮ウランはほぼ90％が軍事用ですが、プルトニウムは逆に70％以上が非軍事用です。さらにその8割近い約290トンが平和利用の原発から回収されたプルトニウムであり、このプルトニウム増加量をどう抑えるかが今もっとも問われています。

　そのなかで、日本が非核保有国でありながら、大量のプルトニウム（47トン）を所有している事実は大変重いものがあります。原子力平和利用のためとはいえ、日本のプルトニウム在庫量に注目が集まるのは、安全保障の専門家からすれば当然のことなのです。

　今後このプルトニウムをどう管理して、処分していくか。国際社会の大きな課題として残されており、日本の責任も重いのです。

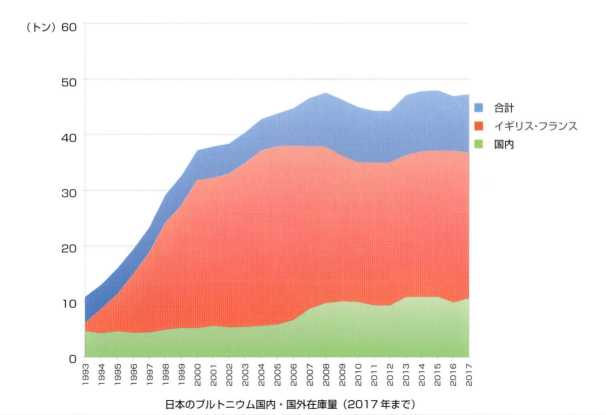

日本のプルトニウム国内・国外在庫量（2017年まで）

Ⅱ　新たなる脅威

原子力平和利用と核拡散

五大核保有国に加えて、イスラエル、インド、パキスタン、そして最近では北朝鮮が核兵器を保有し、現在は核兵器を保有している国が9ヵ国になりました。このほかにも、イラン、イラク、シリアといった国々で核兵器開発が行われていたのではないか、との疑惑があります。その背景には、原子力平和利用の技術の拡散があるのです。

そもそも、核兵器と原子力発電の技術はどこにその共通点があるのでしょう？ 核分裂をおこす核物質を核分裂性物質といいます、これは核兵器と原子力発電の両方にとって必要な材料です。天然に存在するウランの成分は、核分裂が起きにくいウラン238が99.3%と大半を占めており、核分裂しやすいウラン235はわずか0.7%しか含まれていません。エネルギーとして使用するために、このウラン235の濃度を高める作業──「ウラン濃縮」を行います。原子力発電用には、3～5%程度の「低濃縮ウラン」が使われ、核兵器の材料には転用でき

天然ウラン（NU）
ウラン238　99.2%
ウラン235　0.72%

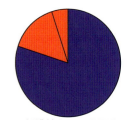

低濃縮ウラン（LEU）
ウラン235　20% 以下
（原子炉使用の場合はウラン235を 3～5%）

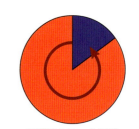

高濃縮ウラン（HEU）
（兵器転用可能）
ウラン235　20～90%
（通常核兵器には90%以上が用いられる）

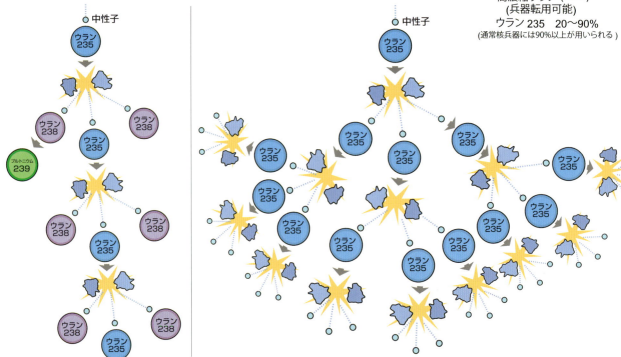

低濃縮ウラン（3～5%）では、分裂するウラン235の数が少ないため、爆発は起こらない。中性子はウラン238に吸収されてしまう（プルトニウム239になる）。核兵器に使用する高濃縮ウラン（90%以上）では、中性子は次々にウラン235を分裂させ、一瞬のうちに大きなエネルギーが拡散し爆発する。

メリカのロスアラモス研究所で精製されたプルトニウム「デーモン・ア」。ソフトボールくらいで6.2kgあり、長崎型原爆に使われたのとほぼ同じ大きさ。1945、1946年に、実験中の臨界事故をき、研究者2名が亡くなった。

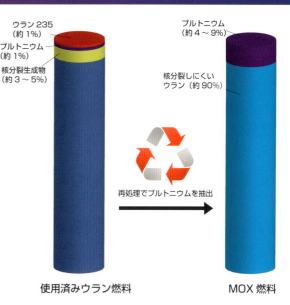

「核燃料サイクル」は、原子力発電所（軽水炉）で使用済みのウラン燃料からプルトニウムを抽出して、新たな燃料（MOX燃料）を作り再利用すること。

ません。20％以上になると核兵器の材料として利用が可能となり、通常核兵器には90％以上の「高濃縮ウラン」が使われています。

　もう一つの材料がプルトニウムです。プルトニウムは天然には存在しない核物質であり、原子力発電の原子炉内で生成されます。原子炉から取り出された使用済み核燃料の中には1％くらいのプルトニウムが含まれており、これを化学的に処理することで取り出すことができます。この技術を「再処理」と呼びます。国が使用済み核燃料を、さらに資源として扱うことを採用している場合は、この再処理工程が必要になります。

　原子力発電に必要な技術や知識のうち、核兵器製造につながるのが、この「ウラン濃縮」と「再処理」なのです。そのため、この二つの技術は「核燃料サイクル」（燃料を再利用すること）に必要で、「機微な技術」と呼ばれており、きびしい国際管理の対象となります。

　原子力発電に「ウラン濃縮」は必要ですが、「再処理」工程は必ずしも必要ではありません。ですので、使用済み燃料を、さらに資源として扱うことを採用しているかどうか、特に再処理工程──プルトニウムの抽出技術を持っているかどうかが、大きな分岐点となります。現在、再処理政策をとっている国は、ロシア、フランス、日本、英国（もうすぐ撤退）、中国、インドなどであり、非核兵器保有国では、日本だけがこの技術を持っているのです。そして前述（→21ページ）のように、日本では再処理工程で発生したプルトニウムを大量に保有しています。

　つまり日本には核兵器を作ることのできる条件（材料と技術）がすべてそろっているのです。この事実を、唯一の核兵器被爆国として重く受けとめなければいけません。

Ⅱ　新たなる脅威　23

イランの核開発問題

　イランの核開発問題は、原子力平和利用と核拡散問題を考える上で、重要な事例となります。イランは、1958年にIAEA（国際原子力機関）に加盟し、積極的に原子力平和利用を推進。1970年代は、アメリカ・ドイツ・フランスなどと原子力協力協定を結んで原子力開発に取り組んできました。ですが、1979年のイラン革命により、西側諸国の原子力協力が停滞して、開発はいったん停止。1980年代に入り、パキスタン、アルゼンチン、中国、ロシアなどと原子力協力を進めていましたが、徐々に孤立していき、結局独自の原子力開発を進めることになったのです。

　核兵器製造の疑惑は、2002年国内の反体制派からの告発により、秘密の核施設工場（ウラン濃縮工場）が見つかったことから始まりました。IAEAは保障措置違反の疑いがあるとして、国際連合安全保障理事会に訴え、安全保障理事会は経済制裁を加えるとともに、イランに濃縮活動の停止を要求。イランは、原子力平和利用の権利（NPT第4条）を盾に、ウラン濃縮の正当性を主張しましたが、2009年には新たな濃縮施設を建設中であることが発覚しました。IAEAは厳しい査察の結果、イランの原子力開発には核兵器開発プログラムの証拠が見つかったとして、「深刻な懸念」を訴えたのです。

　硬直状態に変化が見えたのは、2013年6月にイランに穏健派ロウハニ大統領政権が誕生してからです。2013年11月、イランとIAEAが共同声明を発表、おなじく交渉を続けてきたEU3ヵ国（イギリス・フランス・ドイツ）＋3ヵ国（アメリカ・ロシア・中国）とイランと

（上）1968年のイラン国内の新聞に掲載された、テヘランの実験炉の前でポーズをとる女性科学者たち。

（左）イラン南西部にあるブーシェフル原子力発電所のミニチュア。

の間で、「共同作業計画」が合意されました。そして、長い交渉の結果、2015年4月に歴史的な合意、「包括的共同作業計画」（JCPOA, Joint Comprehensive Plan of Action）が採択されたのです。その概要は以下の通りです。

① 濃縮ウラン活動の制限：濃縮ウランの濃度と規模に制限を設ける。在庫量や新型濃縮施設の開発にも制限を設ける。
② 重水炉・プルトニウム生産停止：重水炉の設計変更と再処理（プルトニウム抽出）の中止。
③ 検証・監視：追加議定書（未申告の施設を検出することを目的とした新しい保障措置制度）の暫定的適用。
④ 制裁解除：イランに課せられている経済制裁の解除。

これによって、イランの核開発は当面（今後15年）民生利用にとどまることになり、またイランが核兵器を開発しようとしても最低1年が必要になる、という目標が達成されました。軍事対立ではなく、外交による合意に成功したということが、歴史的にも高い評価を得ました。

しかし、2018年トランプ大統領がこの貴重なイラン核合意からの離脱を表明。イランの核問題が再び懸念される事態になりました。なんとか、アメリカ以外の国々でこの合意を守り通してもらいたいものです。

北朝鮮の核問題

　新たな核の脅威として、もっとも最近注目を浴びたのが、北朝鮮の核問題です。

　北朝鮮は、1956年、旧ソ連と原子力協力について合意し、旧ソ連から小規模な実験炉を輸入しました。これが北朝鮮の原子力開発の始まりです。そして、1985年にはNPT（核拡散防止条約）に加盟して、IAEA（国際原子力機関）との保障措置協定も1992年に締結しました。1991年には南北朝鮮非核化共同宣言に合意しており、朝鮮半島の非核化に明るいきざしが見えていました。

　しかし、1993年に北朝鮮の申告には重大な問題があるとして、IAEAが特別査察を要求したところ、北朝鮮はこれを拒否。1994年にはIAEAから脱退してしまいます。ここからアメリカとの交渉が始まり、1994年10月に「米朝枠組み合意」に署名。北朝鮮は黒鉛炉（黒鉛減速原子炉）の開発を中止する代わりに、軽水炉の提供を受けることになりました。そのための組織「朝鮮半島エネルギー開発機構」（KEDO）が設立されましたが、その後、2002年に北朝鮮は秘密のウラン濃縮プログラムを持っているのではないか、との疑惑が持ち上がりました。北朝鮮は、2003年1月10日に、NPT脱退を表明しました。

寧辺にある北朝鮮の核施設。

　ここから、アメリカのみならず、中国、ロシア、韓国、日本を加えた「六ヵ国協議」が開始されましたが、2006年10月に北朝鮮は初の核実験を実施。その後、六ヵ国協議で2007年に新たな合意に達しますが、2009年5月に第2回核実験を行い、再び合意は決裂。その後、2012年に金正恩体制になってからは、対立がますます激しくなりました。そして、2017年9月までに計6回の核実験を行い、さらにミサイル開発を進めて、北朝鮮の核兵器能力は、アメリカを攻撃できるだけの本格的なものになってしまったのです。

　この対立に、明るいきざしが見え始めたのが、2018年に開催された平昌オリンピックです。この前後に南北朝鮮が対話を進め、2018年4月に南北首脳会談が開催されました。そして、驚くべき速さで、2018年6月、米朝の首脳会談が開催されました。両首脳会談により、「朝鮮半島の非核化」「朝鮮戦争の終結」という大きな目標に3ヵ国の首脳が合意したことは、歴史的な転換になる大きな出来事です。今後の交渉の行方が注目されます。

北朝鮮の大陸弾道弾「火星15」。

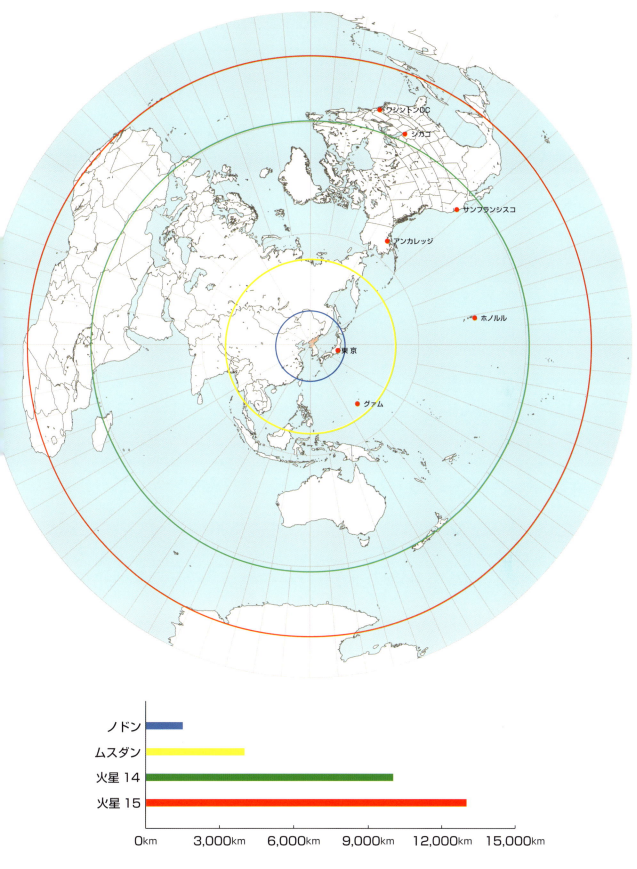

北朝鮮の中距離弾道弾、大陸弾道弾の攻撃範囲。「火星15」は13,000kmを超えたとされた、アメリカ東海岸までが射程圏となる。

Ⅱ　新たなる脅威

進まない核軍縮

冷戦時代には、7万発にも達していた核弾頭数が1万4,500発まで減らされたことは、確かに核軍縮の成果と言えますが、実はここ数年は核軍縮がスムーズに進んでいるとは言いがたい状況です。

長崎大学核兵器廃絶研究センター（RECNA）が、2013年から発表している「核弾頭データベース」によると、2018年までの5年間で、総数は2,850発が削減されています（http://www.recna.nagasaki-u.ac.jp/recna/nuclear1）。しかし、その内訳をみると、実戦配備されていた核弾頭からの削減はわずかにその3割（940発）に過ぎず、残りの7割（1,910発）は、配備されなくなった、退役または解体待ちの核弾頭なのです。この数字からもわかるように、核軍縮は明らかに停滞しています。核保有国は核弾頭数の削減をもって、核軍縮が進んでいると主張しますが、実態は残念ながらそうではないのです。それが最もはっきりと表れたのが、核兵器禁止条約に対する核保有国の対応です（→36ページ）。

2013年から2014年にかけて、核兵器の非人道的影響についての国際会議が3回開催され（→32ページ）、核保有国や「核の傘の国」（アメリカ同盟国）も参加しました。この会議では「核兵器を法的に禁止する措置」について、国際連合に公開作業部会を設置することが提言されました。そして、2016年10月に「核軍縮公開作業部会」（OEWG）が設置され、「核兵器禁止条約交渉開始にむけて」の国連決議が圧倒的多数で可決されました。

ですが2017年3月から開始された「核兵器禁止条約」の交渉の場には、核保有国や、核保有国と同盟を結んでいる「核の傘の国」は参加しないことが表明されたのです。アメリカのヘイリー国連大使は、3月27日、交渉が始まった国連総会会議場の外で、「北朝鮮が核兵器禁止条約に賛成するのか？　我々の仕事は自国民を守ることだ」と核抑止の必要性を強調しました。

アメリカは同盟国に対し「核兵器禁止条約」の交渉には参加しないよう、圧力をかけたと言われています。「核の傘」に依存する日本も同様でした。3月27日に、日本の高見澤大使は、交渉会議の壇上で次のように述べて会場から退席しました。

「核兵器国が参加しない形で（禁止）条約を作ることは、核兵器国と非核兵器国の亀裂、非核兵器国間の離間といった国際社会の分断を一層深め、核兵器のない世界を遠ざけるものとなります。また、禁止条約が作成されたとしても、北朝鮮の脅威といった現実の安全保障問題の解決に結びつくとも思えません。……また、核兵器国の協力を通じ、核兵器の廃絶に結びつく措置を追求するという交渉のあり方が担保されておりません。このような現状の下では、残念ながら、我が国として本件交渉会議に建設的かつ誠実に参加することは困難と言わざるを得ません。」（核兵器禁止条約交渉第1回会議、2017年3月27日）

さらに、2016年にオバマ大統領が現職のアメリカ大統領として初めて広島を訪問した後、

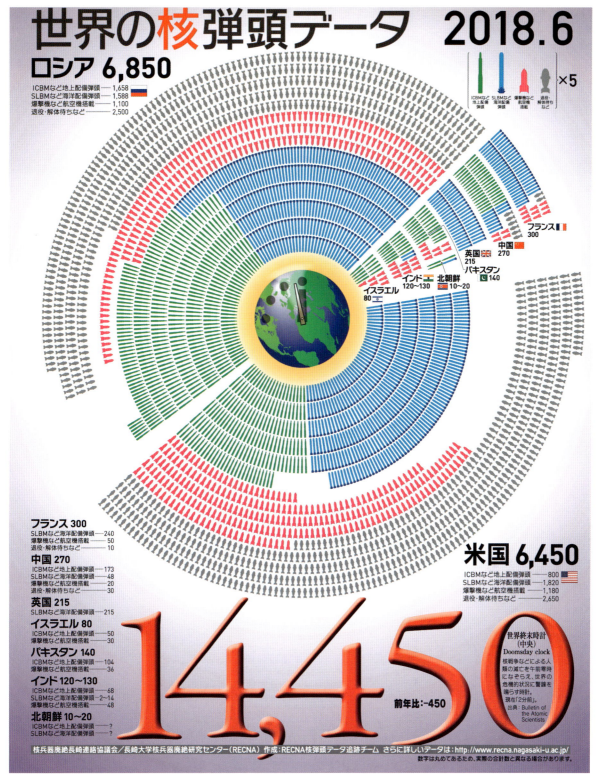

RECNAで作成の2018年度核弾頭データ。

　オバマ政権が進めようとしていた「先制不使用」(核兵器を相手より先に使用しない)の政策に対して、日本政府が反対の意思表示を示していた、との報道がなされました。
　もしこれが本当であれば、唯一の戦争被爆国として核廃絶に向けて世界にリーダーシップを示す、と約束していた日本政府は、明らかにその約束に背いていたことになります。

冷戦の復活──トランプ政権の新たな核戦略

　2017年12月、アメリカのトランプ大統領は、新たな「国家安全保障戦略」を発表しました。そのなかで、明確に「ロシア、中国」を「アメリカの国益や価値観と対極にある世界を形成しようとする修正主義勢力」と名指しで批判しました。そして「力による平和を維持する」として、軍事戦略の強化を宣言したのです。

　そして、2018年2月には、新たな「核態勢の見直し」（NPR〈Nuclear Posture Review〉）を発表し、核兵器能力の強化を明らかにしました。具体的にその中身を見てみましょう。「アメリカの核能力」の章には、アメリカの核戦力は以下の項目に貢献すると書かれています。

①「核、非核攻撃の抑止」（核抑止力の増大）
②「同盟国及びパートナーへの安心提供」（「核の傘の国」体制の継続）
③「抑止が失敗した場合のアメリカの目標達成」（抑止が失敗した場合は核攻撃を行う）
④「不確定な将来に対して防衛手段を講じる能力」（核保有国以外への核攻撃の適用）

　まず①については、オバマ政権の「核兵器に対してのみ核兵器で対応する」政策からの大きな変化といえます。オバマ政権は先制核攻撃をしない政策（「先制不使用」）を取ろうとしていました。それは「核兵器の役割を減少させる」ことにつながり、核軍縮を促進する根拠となるものでした。しかし、トランプ政権は、「アメリカは広範囲にわたる敵対国、脅威、状況を効果的に改善するためにふさわしい柔軟なアプローチを適用する」として、限定的な核兵器の使用も可能とする政策をとったのです。

　また④のように、核保有国だけではなく、核テロリズムやサイバー攻撃などに対しても、核

ロシアのICBM・RS-28の前モデル、R-36。その威力からつけられたコードネームは「サタン」と「サタン2」。

抑止力を適用するとしています。これは、「核兵器の役割を増加させる」ことにつながります。

この新しい核戦略では、規模を限定した核戦争（限定核戦争）が起きてしまう可能性があります。核兵器のリスクは数だけでは測れません。このような核兵器の役割を増大させる政策の下では、たとえ弾頭数が減少しても、核戦争のリスクは高まることになってしまいます。

この核戦略に対し、ロシア外務省は声明で「対立的で反ロシア的な内容だ。非常に失望している」と発表し、「アメリカ政府の姿勢を踏まえ、我々の安全確保に必要な措置を講じる」と表明しました。2018年3月に、プーチン大統領が発表したロシアの新型大陸間弾道ミサイル（ICBM）RS-28 は、極超音速滑空ミサイルとも呼ばれるもので、これまでのように放物線を描いて飛んでいくミサイルではなく、大気圏を飛び出した後、水平に飛び超高速で目標を目指すのです。自由にコースを変えることもできるようで、性能を紹介するCGアニメーションでは、アメリカのミサイル防衛網を回避する様子が見事に描かれていました。

また中国も核兵器能力を着実に増やしています。五大核保有国で、唯一核弾頭数を増やしているのが中国です。この弾頭数の増加は、必ずしも新たな核戦略につながっているわけではありませんが、2015年ころから、ミサイル防衛に対抗して、地上配備核ミサイルの「多弾頭化」を進めているとされています。

これはまさに「冷戦の復活」と言えるでしょう。こういった「核抑止」の考えが引き起こす核兵器国の対立は、新たな軍拡競争をもたらし、核戦争のリスクを高めてしまいます。

トランプ大統領の核戦略を心配したアメリカ議会では、「核先制攻撃制限法」が議論され始めました。核の先制使用には議会の承認が必要となるべきだ、という法案です。というのは、アメリカ大統領には核兵器使用の権限が与えられているからです。その権限を問題視する議会の不安がこのような法案提出につながっています。これからもトランプ政権の核戦略と、それに制限を加えようとするアメリカ議会の動きには注目しなければなりません。

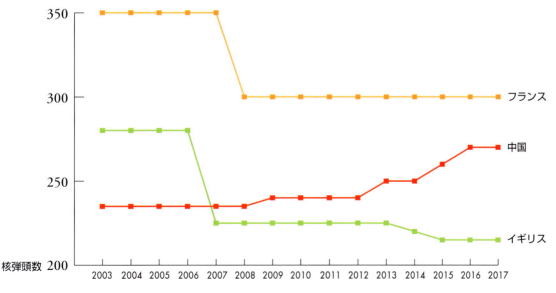

アメリカ・ロシア以外の核保有国（フランス、イギリス、中国）の核弾頭保有数。中国だけが増加している。

Ⅱ 新たなる脅威

「非人道性」からのアプローチ

　核兵器の議論は主に「安全保障」と「非人道性」の観点からなされます。安全保障とは、自国の安全を守るために、核兵器の抑止力によって他国との軍事力のバランスを保とうという考え方です。そのため核兵器は将来的にはなくすべきだが、今すぐには不可能だという主張がなされます。

　もう一方の非人道性は、核兵器が持つ破壊力の大きさや、誰でも何でも犠牲になる無差別性、長期間にわたる放射線被害の残虐さなどから、その使用や開発、製造、維持などすべてが、人としてあるまじき行為であるとして、廃絶を求めるものです。

　1994年に、国際連合総会において「核兵器での威嚇、核兵器の使用は国際法の下のいかなる状況においても許されるか」の議論がなされ、1996年に国際司法裁判所（ICJ）によって、「核兵器による威嚇や使用は一般的に国際法とりわけ人道法の原則や規則に違反する」という勧告的意見が出されました。法律的に核兵器の使用は認められないという解釈です。ですが一方で「国家の存続が危機にあるような自衛の極限状況においては判断できない」という問題も示されました。

　近年の核兵器の非人道性に対する国際的なアプローチはいくつかあげられます。一つは、主に戦争や紛争地域において、中立的機関として1863年の設立時から救援活動に当たっているICRC（国際赤十字委員会）の、ケレンベルガー総裁による核兵器に特化した2010年4月

国際連合総会の開かれる総会議場。

（左）長崎の原爆によって、黒こげになった少年（山端庸介・撮影）。

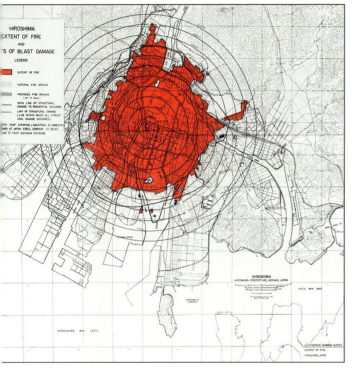

（上）広島の原爆投下後、直径2kmが全焼・全壊した。

の声明です。この声明では核兵器の時間や空間における想像を絶する破壊力、環境や次世代にまで及ぶ脅威について言及され、その非人道性が改めて主張されています。そして国際社会に対して、法的拘束力のある条約の枠組みの中で、核兵器の使用禁止と廃絶に向けた交渉を行うよう求めました。このICRCによる声明は、その年のNPT本会議に影響を与え、最終文書には「核爆発のもたらす結末についての深刻な憂慮」という表明が組み込まれました。

また2013年2月、オスロ（ノルウェー）で、世界で初めての核兵器の非人道性に関する国際会議が開催されました。この会議は続いて2014年2月に第2回がナジャリット（メキシコ）で、12月に第3回がウィーン（オーストリア）で行われました。会議を重ねるにつれ参加国も増えていき、第3回の会議には核保有国からも初めてアメリカとイギリスが参加しました。会議の中では核兵器の非人道性に関する科学的知見や論理的知見を含め、多くの発表と討議が行われました。もちろん、すべての国の意見が合致することは難しいのですが、核兵器の非合法化についての協議もこの時に行われました。

核兵器の非人道性に関する議論は、使用によってもたらされる大きな被害を根拠になされます。核兵器が使われてしまえば、医療機関も破壊され、外部からその場所に救援活動に向かうこともできず、人々への人道的な支援を行うことができません。

このような悲惨な状況を招かないためには、核兵器の廃絶以外の道はないのです。

非核兵器地帯

　非核兵器地帯とは、特定の地域において国内の核兵器の生産、取得、保有及び管理を禁止し、核兵器国が地域内への核攻撃をしないことを誓約する条約・議定書によって作られる「核のない地帯」のことを指します。

　現在発効している非核兵器地帯条約は6つで、その他に南極、宇宙、海底も非核兵器化のための条約があります。最初の非核兵器地帯条約である「ラテンアメリカ及びカリブ核兵器禁止条約」（トラテロルコ条約）は1968年に発効しました。この条約の対象地域は、ラテンアメリカ及びカリブ地域の中南米33ヵ国で、すべての国が締約国となっています。1962年のキューバ危機を背景に進んだこの条約には、五大核保有国も批准（国会による同意）をしていて、平和目的の核爆発を認めていることが特徴です（当時は、まだ大規模な土木事業に原爆が使用可能かどうかを検討していました）。

　1966年から始まった、フランスによる南太平洋地域での核実験に対する反対への気運の高まりで、1986年に発効したのが「南太平洋非核地帯条約」（ラロトンガ条約）です。オーストラリアやニュージーランドほか16ヵ国と地域が対象で、マーシャル諸島、パラオ、ミクロネシア連邦の3つの国と地域が未署名です。この条約は、締約国による核爆発（平和目的のものも含む）装置の製造・取得・保有・管理、自国内領域における核爆発装置の配備・実験の禁止に加え、地域内の海洋への放射性物質投棄を禁止しています。核兵器国ではアメリカ以外の4ヵ国は批准をしていますが、アメリカは署名のみにとどまっています。

　1997年には東南アジア10ヵ国を対象地域とする「東南アジア非核兵器地帯条約」（バンコク条約）が発効。そして1998年には、モンゴルの「非核兵器地位」宣言が国連による承認を受けました。複数の国や地域ではなく、一国のみでの非核兵器地帯宣言は注目を浴びました。2000年には、五大核保有国が共同声明として、「モンゴルに協力する誓約を再確認する」と発表しました。モンゴルは、核兵器保有国のロシアと中国に囲まれた国ですが、自国の安全を確保するための決意が、核兵器保有国を動かしたのです。

　2009年には、アフリカ諸国54ヵ国を対象とする「アフリカ非核兵器地帯条約」（ペリンダバ条約）、中央アジア5ヵ国を対象とする「中央アジア非核兵器地帯条約」（セミパランチスク条約）が発効されました。

　非核兵器地帯の構想は、いまだ条約が結ばれていない地域でも検討や研究が続けられています。その中の一つが、「北東アジア非核兵器地帯」です（→46ページ）。この構想は、1990年代から多くの研究者・研究機関が提唱してきましたが、長崎大学核兵器廃絶研究センター（RECNA）が2015年に提言、長崎市もここ数年毎年にわたって平和宣言で提唱しています。現在提案されている北東アジア非核兵器地帯構想は、日本、韓国、北朝鮮が非核地帯となり、中国、ロシア、アメリカの周辺核保有国が非核地帯への核による脅威を与えない、という「スリー・プラス・スリー」と呼ばれる構想に基づくものです。

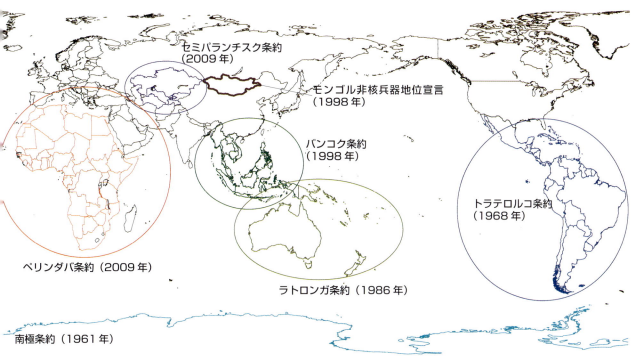

世界の被核兵器地帯と、それぞれの非核兵器地帯条約（年数は発効年）。

トラテロルコ条約（1968年）―ラテンアメリカ及びカリブ地域の中南米33ヵ国
ラロトンガ条約（1986年）―オーストラリアやニュージーランドほか16ヵ国
バンコク条約（1998年）―東南アジア10ヵ国
モンゴル非核兵器地位宣言（1998年）―モンゴル国単独
ペリンダバ条約（2009年）―アフリカ諸国54ヵ国
セミパランチスク条約（2009年）―中央アジア5ヵ国

　これを聞くと、すでに核兵器を保有している北朝鮮は大丈夫なのだろうか？　と思うでしょう。しかし、目指すのは北朝鮮の非核化のみではなく「北東アジア非核化への包括的枠組み協定」の締結であるとされています。具体的には、朝鮮半島の戦争状態を終わらせ、締約国の相互不可侵などを宣言することや、常設の「北東アジア安全保障協議会」を設立することなどが含まれます。

　またRECNAは2015年の報告書で、7つの提言を行っています。その中には「日本と韓国は、北東アジア非核兵器地帯の設置を目指すことによって、2010年NPT再検討会議で合意した義務を果たし、条約の信頼性の維持に貢献すべきである」との提言があります。すなわち、非核兵器国でありながら、アメリカの「核の傘」に依存する日本と韓国にも、核兵器のない世界の実現に向けた政策を行うことを求めています。つまり、北朝鮮が核兵器を無くせば問題が解決するというわけではなく、核兵器を持っていない日本や韓国も積極的に関わって主導していくことが重要なのです。

　RECNA主催で2018年にモスクワで行われた、第3回北東アジアの平和と安全保障に関するパネル会合では、在ロシアの北朝鮮大使館、日本大使館からの参加者も含む総勢57名の参加のもと、北東アジア全体の安全保障に関して、専門家による幅広い議論が行われました。このように、各国の専門家や政府関係者が集い、対話を通じて平和へのアプローチが進められる機会が設けられています。軍事的な解決ではなく、議論の場を作りながら問題を解決する道を探る努力は、今後も定期的に続けなければなりません。

Ⅲ　核兵器をなくすためには

核兵器禁止条約

　2017年3月、「核兵器禁止条約」第1回交渉会議がニューヨークで開催されました。2017年6月～7月にかけての第2回交渉会議において投票が行われ、2017年7月7日、122ヵ国（国際連合加盟国の約3分の2）の賛成を得て「核兵器禁止条約」が採択されました。

　この条約は、文字通り核兵器を禁止しようという条約なのですが、核兵器の使用はもちろん、開発、実験、製造、備蓄、威嚇なども禁止しています。核兵器の問題が国家間の問題ではなく正に人類共通のものであるということを表すかのように、会議場には各国政府代表者の他に多くの国際NGO団体や、ヒバクシャが集まりました。条文に"hibakusha"という文言が入れられたことからわかるように、広島・長崎に限らず、核保有国の核実験場近くで被曝したり、核兵器が製造された地域で被曝したりした、世界中のヒバクシャの存在が条約の成立に大きく貢献しました（→19ページ）。つまりこの条約は、核兵器の非人道性を訴えるヒバクシャの力強いメッセージによって実現した『核兵器の終わりの始まり』（カナダ在住広島被爆者、サーロ・節子さんのスピーチより）なのです。

　そもそも、こんなに恐ろしい核兵器がこれまで禁止されてこなかったことが何とも皮肉ですが、だからこそ、この条約の成立は歴史的な転換点となるものです。核兵器以外の生物兵器や化学兵器、クラスター爆弾や地雷といった、非人道的な兵器はこれまでに国際的な条約によって禁止されてきました（→14ページ）。ただし、これらの禁止条約に批准（国会による同意）していない国がまだ存在し、これらの国々が一日も早く批准するよう求めていくことも必要です。

　さて、この条約に反対しているあとの3分の1の国は、核保有国および「核の傘」の国です。つまりアメリカの「核の傘の国」である日本も、核兵器禁止条約には反対の立場を示しています。核保有国からしてみれば、自分たちの権利を自ら放棄するような条約には賛成したくない

（左）カザフスタンにおいて旧ソ連が1965年に行った「チャガン核実験」。
（右）実験によってできた「チャガン湖」は、50年たった今でも放射能で汚染されている。

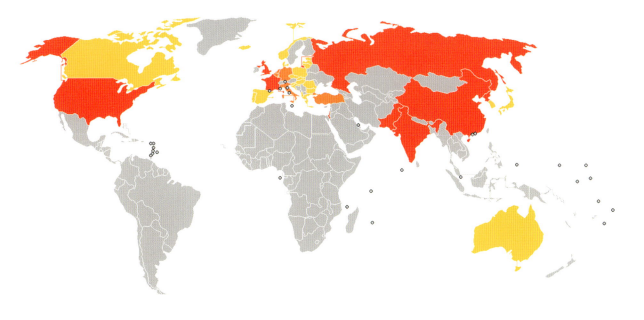

核兵器禁止条約に反対する、核保有国および「核の傘」の国
■ 核保有国　■ NATOの核兵器共有国（ベルギー、ドイツ、イタリア、オランダ、トルコ）
■ 非核兵器国でアメリカの「核の傘」の提供を受ける国

のです。反対する側は、核保有国が参加しない禁止条約など意味がないと主張しています（→28ページ）。

　核兵器禁止条約の発効のための条件は50ヵ国の署名・批准です。発効までにあと数年はかかるとされていますが、これまでの大量破壊兵器のように、禁止条約が核兵器に「悪の烙印」を押し、核兵器を持つことを"恥ずかしいこと"と考える国際的なルールが作られていくことが期待されています。

（左）アメリカで最も大きな核廃棄物問題を抱えるハンフォード核実験場。第二次大戦から冷戦時代にかけて大量のプルトニウムが精製された。今でも除染作業が続けられている。

（右）ロシア連邦のマヤーク核技術施設。汚染されて立ち入り禁止となったテチャ川からの風景。数多くの臨界事故を起こしている。

Ⅲ　核兵器をなくすためには　37

ICANとヒバクシャ

「ICAN」のロゴマーク。

ICAN（International Campaign to Abolish Nuclear Weapons）とは核兵器廃絶国際キャンペーンというNGOの連合体で、2017年10月現在、101ヵ国の468団体から成り立っています。スイスのジュネーブに国際事務局があり、参加している団体は共通して、核兵器を禁止し廃絶するための活動を行っています。ICANは、2017年の「核兵器禁止条約」（→36ページ）の成立に貢献したとして同年のノーベル平和賞を受賞し、その知名度は一気に高まりました。2007年の発足以来、核兵器の非人道性を訴えている国の政府と協力して、核兵器を国際法によって禁止するためのキャンペーン活動を世界的に展開し、宣伝活動をしてきました。設立から約10年という、団体としても若いICANは、その活動メンバーも20～40代の若い世代が中心となって活動しています。

ICANと言えば核兵器禁止条約であるという認識は定着してきていますが、もちろん条約の設立にはヒバクシャの存在が不可欠でした（→19ページ）。ICANのベアトリス・フィン事務局長も核の非人道性を訴え続けて来たヒバクシャの証言活動を高く評価しています。実際に核兵器の恐ろしさを経験している彼らの声には、どんな論理よりも核廃絶への強い想いが込められています。だからこそ、多くの人に彼らの声や想いを知ってもらうことがとても重要です。しかし、広島・長崎の被爆者の平均年齢はすでに82歳を超え、いつまでも彼らの声が聞けるわけではありません。

（左）2018年8月、スイス・ジュネーヴのICAN本部を訪れ、フィン事務局長（右奥）と面会する高校生平和大使（共同通信）。

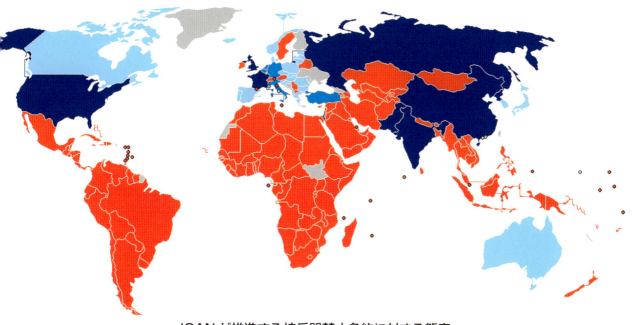

ICANが推進する核兵器禁止条約に対する態度

■ 支持　■ 不支持（核兵器保有国）
■ 不支持（NATOによる核兵器共有を受けている国、ベルギー、ドイツ、イタリア、オランダ、トルコ）
■ 保有国との同盟により不支持（＝「核の傘」の国、アルバニア、オーストラリア、ベラルーシ、ブルガリア、カナダ、クロアチア、チェコ、デンマーク、エストニア、ギリシャ、ハンガリー、アイスランド、日本、ラトビア、リトアニア、ルクセンブルク、モンテネグロ、ノルウェー、ポーランド、ポルトガル、ルーマニア、スロバキア、スロベニア、韓国、スペイン）

　そんな中で、核廃絶を求める想いが強まるヒバクシャと若い世代で活躍するICANメンバーがともに協力し、政府代表などの国のトップ達に声を届けたり働きかけたり、各国国民や市民達にも関心を広めたりすることで、世界初の核兵器を禁止する法的な枠組みである、「核兵器禁止条約」の成立という歴史的な出来事を成し遂げたのです。

　日本でも、若い世代の活動が盛んになり始めています。長崎では、1998年から高校生平和大使が「一万人署名運動」を続けており、2018年までで178万人もの署名を国際連合欧州本部に収めています。また2013年から長崎県在住の若者が、「ナガサキ・ユース代表団」として、毎年国連の核不拡散条約準備委員会に派遣され、帰国後もそれぞれの体験をもとに、新しい平和教育の構築を目指しています。2017年には「Peace Caravan隊」を発足させ、活動のさらなる充実と定常化を目指しています。

　核廃絶のためには、被爆の記憶を広島・長崎や日本だけではなく、世代や国境を超えて伝えていくことが必要です。もちろん、広島・長崎や日本も、世界のヒバクシャの存在を知る必要があります（→48ページ）。

　核の問題は、地球上に生きる私たち全員のものであるという認識を持つ人が増えれば増えるほど、核廃絶への気運はより高まっていくでしょう。

パグウォッシュ会議

1957年7月、アメリカ・旧ソ連による冷戦が激しくなるなか、カナダのパグウォッシュ村に核兵器の脅威を減らすことを目的に、東西から22人の科学者が集まりました。1955年に発表されたラッセル・アインシュタイン宣言に感銘を受けたカナダの実業家サイラス・イートンが企画・招待したもので、これが現在も続く「パグウォッシュ会議」の始まりです。日本からは、湯川秀樹教授、朝永振一郎教授、小川岩雄助教授の3名が参加しました。

第1回の会合地の名前から、「パグウォッシュ会議」と名付けられたこの科学者による会議は、その後毎年のように、「核兵器と戦争の根絶」を目指す科学者団体として活動を続けてきました。パグウォッシュ会議(正式には「科学と国際問題に関するパグウォッシュ会議」)には二つの重要な理念があります。一つが「科学者の社会的責任」で、もう一つが「対立を超えた対話」です。

「科学者の社会的責任」は、科学者(専門家)として、また一人の人間として、科学技術のもたらす影響を正確に社会に発信し、特に「負の影響」については、その削減と防止策を提言し、平和な社会を実現するために、科学技術が活用されるよう導くことを大きな目的としています。

「対立を超えた対話」は、国家間で対立をしている状況にあって、軍事的手段による解決ではなく、対話を通じてお互いを理解しあう解決を目指します。参加者は招待者のみで、組織や国家を代表するのではなく、個人(専門家)の立場で参加します。対立する国家や団体からの参加であっても、個人の考え方や意見を尊重し、議論は科学的根拠にもとづいて行うことを原則としています。また会合は自由な意見交換になるよう、基本的に非公開で行われます。

冷戦時代、パグウォッシュ会議はアメリカ・旧ソ連の科学者同士が連携をし、核軍縮・不拡散の進め方について、技術的根拠の観点から多くの提言を行いました。ただ、この提言も外部に公表するというよりは、各国の指導者に直接伝えていく方法をとったため、現在のように幅広くその提言の内容が知られることはあまりありませんでした。具体的には、1963年の部分的核実験禁止条約、1967年の核不拡散条約、そして1980年代には核実験の停止、中距離核戦力全廃(INF)条約などの成立に貢献しました。

その貢献が評価され、1995年にはパグウォッシュ会議とロートブラット会長がノーベル平和賞を受賞しました。

日本パグウォッシュ会議も、第1回パグウォッシュ会議に参加した3人の物理学者が、帰国後すぐに「パグウォッシュ会議日本グループ」を発足させ、1962年には国内での初の科学者会議を京都で開催し、1975年には、日本で初めてのパグウォッシュ・シンポジウム(第25回)が京都で開催されました。そしてノーベル平和賞を受賞した1995年、第45回パグウォッシュ

第1回パグウオッシュ会議の参加者たち。左端が小川岩雄、左から4人目が朝永振一郎。右から5人目手前、正面を向いているのはレオ・シラード。

長崎市の平和祈念像に献花する第63回パグウオッシュ会議世界大会議参加者たち（共同通信）。

会議世界大会が初めて広島で開催され、その後2005年にも第55回世界大会が広島で、そして2015年には、初めて長崎にて第63回世界大会が開催されました。長崎大会では「長崎を最後の被爆地に」との「ナガサキ宣言」を発表しました。最近の世界大会では、公開セッションを多く設け、市民や被爆者との対話のセッションもありました。

最近は、中東、南アジア、アフガニスタンといった紛争地域における「対立を超えた対話」にも精力的に活動をひろげ、さらに北朝鮮問題の解決にむけても、パグウォッシュ会議の専門家が北朝鮮と対話ルートを確保するなどの貢献をし、科学者（専門家）による地道な活動を続けています。

Ⅲ　核兵器をなくすためには

核物質はどうする？

　核軍縮を進めていっても、核兵器を解体した後、最後まで残るのが核物質です。核兵器の廃絶を実現するためには、この核物質も処分して、二度と核兵器に使われないようにしなくてはいけません。

　しかし核物質の処分は簡単ではありません。そもそも核物質は半減期（放射性物質が半分に減る時間のこと）が長く、物理的に消し去ることはできません。たとえばプルトニウム239が50％まで減るためには2万4千年、10％まで減るには8万年の時間が必要とされています。

　そこで、核物質の「処分」の定義は、「核兵器に直接転用できない物質に転換し、かつ人間ができるだけアクセスできないような状態に保管すること」としています。たとえば、原子炉の使用済み燃料の中に閉じ込めてしまい、そのまま地層処分してしまえば、簡単に取り出しはできず、核兵器への転用はきわめて難しくなります。

　核兵器に利用される核物質のうち、高濃縮ウラン（ウラン235が20％以上）は希釈して低濃縮ウラン（4～5％）にすると、直接核兵器には転用できません（→22ページ）。そして、それを原子力発電所の燃料に利用することで、エネルギー利用もでき、かつ使用済み燃料に閉じ込めることができるので、これで「処分」したことになります。このアイデアはアメリカの物理学者が提案したものですが、実際にロシアの高濃縮ウラン500トンを希釈し、アメリカがその低濃縮ウランを購入、これは原子力発電所の燃料として市場で販売されてきました。

　一方、プルトニウムはもっと厄介です。まず希釈しても直接核兵器に転用ができてしまうので、そのままでは不充分です。ウランと混ぜて原子力発電所の燃料（MOX燃料と呼びます→23ページ）として利用することはできますが、ウラン燃料とくらべて非常に高価なため使いたいという電力会社がなかなか現れません。MOX燃料として燃焼させた後は使用済み燃料として、ウラン燃料と同じように地層処分することで処分が完了します。一時アメリカとロシア間で、それぞれ34トンずつのプルトニウムを、このようにして処分することが合意されましたが、まだ実施にはいたっていません。アメリカは、プルトニウムに特別の物質を混ぜて希釈し安定化させた後、「核のゴミ」として処分する方法を開発しています。

　民生用に発生した大量のプルトニウムも同様に処分が必要です（→21ページ）。やはり燃料として利用する計画なのですが、再処理して回収してもなかなか使用されないので、在庫量は増え続けています。100トン以上ものプルトニウム在庫を抱えているイギリスでは、アメリカと同様、MOX燃料にする案と、安定化させて地層処分する案を検討しています。

　核物質がある限り、核兵器に使われる恐れがある……核廃絶を実現するためには、核物質を少しでも削減し、最終的にはすべて「処分」することが必要です。これには莫大な費用がかかり、高度な技術が必要なのです。

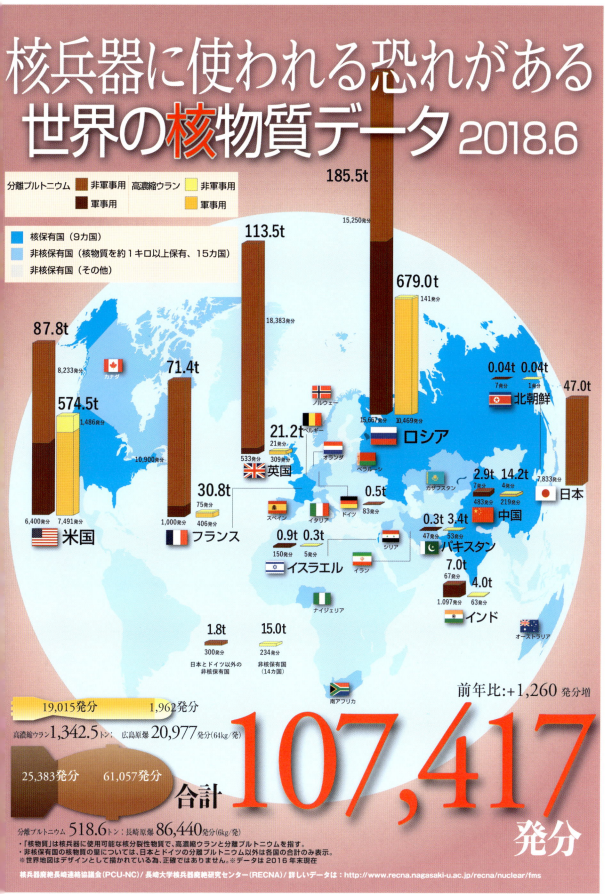

核のジレンマ

　日本は、唯一の戦争被爆国として、核兵器の廃絶を究極の外交目標として掲げています。一方で、アメリカとの同盟関係のもと、「核の傘」に守られています。この「核兵器廃絶」という目標と「核の傘」に守られている現実は、まさに「核のジレンマ」とも呼べる日本の実情をよく表しています。

　核兵器禁止条約（→36ページ）に対する日本政府の対応は、まさにこの「核のジレンマ」を象徴するものでした。2017年9月に河野太郎外務大臣は、記者会見において「究極的に核廃絶という思いは、共有を致しますが、日本のアプローチとは違うということで、我が国は署名は致しません。」と述べ、日本政府が核兵器禁止条約に参加しないことを明言しました。

　このジレンマは北朝鮮への対応（→26ページ）にも表れています。北朝鮮に対して「完全な非核化」を要求する一方、日米同盟にもとづく「核の傘」を強化することをアメリカに要請しました。2017年2月10日の日本・アメリカ首脳会談では、「核および通常戦力などすべてのアメリカの軍事力」を使った「日本の防衛に対するアメリカのコミットメントは揺るぎない。」との共同声明を発表して、アメリカの「核の傘」への依存をより強固なものとすることを表明したのです。

　さらに、最近ではもう一つ悩ましい問題が出てきました。日本の原子力平和利用の根幹ともいえる、核燃料サイクル（使用済み燃料の中に含まれるウラン、プルトニウムを回収して再利用する）政策の結果、非核保有国では最大の47トン（長崎型原爆に換算して約7,800発分）のプルトニウムを抱えてしまっているのです（→21ページ）。プルトニウムは夢の原子炉ともよばれる「高速増殖炉」（消費する燃料より多くの燃料を生産する原子炉）の主要燃料として、期待されていたのですが、高速増殖炉は、技術的な課題や莫大な開発費という経済的な問題などがあり、いまだ実用にいたっていません。そのため多くの在庫量を抱えてしまったのです。プルトニウムは核兵器の材料にもなるので、この大量のプルトニウムをどう処分するかが、大きな課題として関心を集めています。

　核廃絶、核の傘、そしてプルトニウム問題と、まさに日本は「核のトリレンマ（三者択一）」に悩んでいるといってよいでしょう。

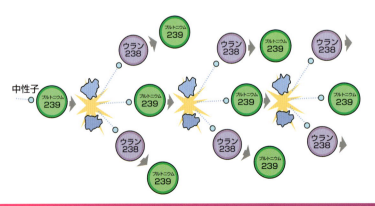

高速増殖炉ではプルトニウムを燃料に使う。高速の中性子が、効率よくウラン238配列して、プルトニウムが増えていくように調節する。ただし様々な問題があり実用にはいたっていない。

MOX燃料で運営する予定だった、福井県敦賀市にある高速増殖炉「もんじゅ」(2016年に廃炉)。

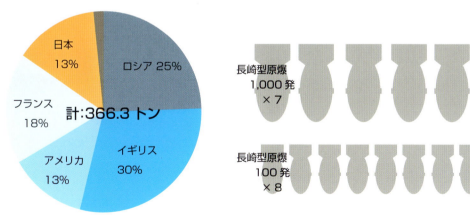

2016年末の世界の民生用プルトニウム在庫量、日本は47トンを保有している。

単純計算では、47トンのプルトニウムは、長崎型原爆の7,833発分となる。

Ⅳ　これからの日本の取り組み

核抑止からの脱却

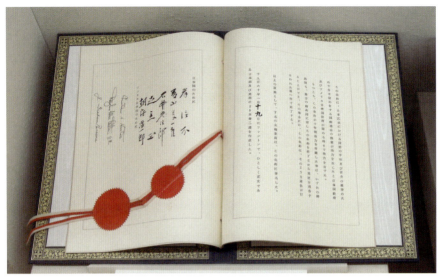

日米安全保証条約の署名。

　核のジレンマを解決するにはどうすればよいのでしょう？　ジレンマの根本的問題は、日本が「核の傘」に依存していることではないでしょうか。「核の傘」はアメリカの巨大な核戦力を誇示することにより、相手国から核兵器で攻撃を受けないようにする、すなわち「核抑止」の考え方に基づいています。

　しかし、「核抑止」は本当に機能するのでしょうか。北朝鮮のような「予測できない国」や、核テロリズムのような「非国家機関」に対しても核抑止は機能しないと思われます。

　過去、核抑止が効力を持ったといわれているアメリカ・旧ソ連間の場合は、お互いの核戦略について充分な理解があり、核戦争が始まってしまえば、お互いに滅亡に陥ってしまうことが分かっていたので「抑止」が機能しました。これを「相互確証破壊（MAD）」と言います（第1巻「恐怖のバランス」参照）。しかし、そのアメリカと旧ソ連でさえ、核戦争の一歩手前まで行ったことがあるのです（第1巻「キューバ危機」参照）。「核抑止」には、このように条件が揃わない限り働かない可能性があります。そのような核抑止に過度に依存することは、かえって核戦争へのリスクを高めることになるといわれています。

　核のジレンマを解決するには、この「核抑止」の考え方から脱却することが必要です。その一つの方法としてあげられるのが、先述した「非核兵器地帯」です（→34ページ）。日本、韓国、北朝鮮が非核地帯となる「北東アジア非核兵器地帯」が実現し、中国、ロシア、アメリカの周辺核保有国が、核兵器による威嚇や攻撃しない条約（「消極的安全保証」といいます）を結べば、「核の傘」の必要性もなくなる、といえるでしょう。核の傘からの脱却には、このような新しい構想が必要なのです。

（上）
キューバ近海を航行するソ連海軍の潜水艦と、それを監視する、アメリカ軍の哨戒機と駆逐艦。
（左）
キューバ危機のなか、ホワイトハウスにてロバート・マクナマラ国防長官と話すケネディ大統領。

「北東アジア非核兵器地帯」は、日本と韓国と北朝鮮の３カ国が、核兵器の開発や保有を禁じることに同意し、同時に３カ国を、核保有国の中国、ロシア、アメリカは核攻撃しないという条約を結ぶ、という構想。
非核地帯は、ラテンアメリカ、南太平洋、東南アジア、アフリカ、中央アジアの５地帯で成立しているので、実現すれば、中国、ロシア、アメリカという周辺の核保有国に対して軍縮へのプレッシャーとなり得る。

　朝鮮半島の非核化が実現しようとしている今こそ、日本は「北東アジア非核兵器地帯」の実現にむけて、そして「核抑止」からの脱却にむけて、一歩を踏み出す時期ではないでしょうか。

Ⅳ　これからの日本の取り組み　　47

被爆者・被爆地の声とその継承

　唯一の戦争被爆国として、日本が世界に発信し続けているのが、この「被爆者の声」を知ってもらうことです。そのためには、被爆地であるヒロシマ・ナガサキを訪れてもらい、ヒバクシャと直接語り合ってもらうのが一番です。

　2016年5月、現職のアメリカ大統領として初めて、オバマ大統領が広島を訪れました。そして、広島市民、ヒバクシャの前で、感動的なスピーチを行いました。その中で、オバマ大統領は以下のような重要なメッセージを残していきました。

　この空に立ち上ったキノコ雲の映像を見た時、私たちは人間の中核に矛盾があることを非常にくっきりとした形で思い起こすのです……技術の進歩が、人間社会に同等の進歩をもたらさないのなら、私たち人間に破滅をもたらすこともあります。原子の分裂へとつながった科学的な変革には、道徳的な変革も求められます……いつの日か、証言する被爆者の声が私たちのもとに届かなくなるでしょう。しかし、1945年8月6日の朝の記憶を決して薄れさせてはなりません…私の国のように核を保有する国々は、勇気を持って恐怖の論理から逃れ、核兵器なき世界を追求しなければなりません。

　　　　　　　　　　　　　（2016年5月27日、広島にて、オバマ大統領の演説）

2016年5月、広島原爆死没者慰霊碑に献花するオバマ大統領。

この演説にあるように、いつの日か、ヒバクシャの声が届かない時が訪れます。2017年には、長崎で核兵器廃絶運動を主導(しゅどう)してきた、二人のヒバクシャ、谷口稜曄(たにぐちすみてる)さんと土山秀夫(つちやまひでお)さんが亡くなりました。お二人とも、核兵器の廃絶とともに、戦争の根絶を強く訴(うった)えておられました。
　被爆者の声を次世代に継承する。それは、被爆の実相を世界に伝え、核兵器の恐ろしさを少しでも多くの方に分かっていただくために、続けていかなくてはいけない私たち世代の責任です。そして、一日でも早く、核兵器廃絶への道が確かなものとなるように、声を上げ続けていきましょう。

（左上、右上）ナガサキ・ユース代表団6期生の活動より。被爆者と戦争体験者のご夫妻のお話を聞いている様子。

（左、右中央）Peace Caravan隊出前講座の活動より。長崎の入市被爆者である森口貢(もりぐちみつぎ)さんのビデオメッセージを、佐賀県内小学校3年生の子どもたちに聞かせている様子。

（左下）教員を辞め「誰にでもできる継承」を目指し本の執筆活動に取り組む被爆3世の松永瑠衣子さん。戦争体験者に当時の暮らしぶりを尋ねている様子。

Ⅳ　これからの日本の取り組み　　49

◆図版出典◆

I 核兵器の現状

世界終末時計
By Ryanicus Girraficus - Own work, CC0, https://commons.wikimedia.org/w/index.php?curid=65858333

終末時計年譜
By Fastfission 15:00, 14 April 2008 (UTC) - Own work, Public Domain, https://commons.wikimedia.org/w/index.php?curid=1575536

どのくらい世界にあるの？

核兵器拡散状況
By Original uploader: JWB - File:BlankMap-World6.svg with recoloring., CC BY-SA 3.0, https://commons.wikimedia.org/w/index.php?curid=7587489　を元に作成。

Z マシーン
By ENERGY.GOV - The Z Machine, Public Domain, https://commons.wikimedia.org/w/index.php?curid=36088684

使える核兵器？

核爆雷
Public Domain, https://commons.wikimedia.org/w/index.php?curid=1029289

戦艦アイオワ
By PH1 Jeff Hilton - http://www.dodmedia.osd.mil (original source, no longer exists), Public Domain, https://commons.wikimedia.org/w/index.php?curid=682860

W48
By US-Department of Energy - Immediate source: Brookings InstitutionUltimate source: Department of Energy, Public Domain, https://commons.wikimedia.org/w/index.php?curid=702928

戦艦ミズーリ上の劣化ウラン弾 Mark 149
By Service Depicted: NavyCamera Operator: PHAN BRAD DILLON - ID:DNST9400420, Public Domain, https://commons.wikimedia.org/w/index.php?curid=1091131

そのほかの大量破壊兵器

MGR-1A ミサイルの弾頭
By U.S. Army, original print located at Rocky Mountain Arsenal, Commerce City, Colorado - This image is available from the United States Library of Congress's Prints and Photographs division under the digital ID hhh.co0168.This tag does not indicate the copyright status of the attached work. A normal copyright tag is still required. See Commons:Licensing for more information., Public Domain, https://commons.wikimedia.org/w/index.php?curid=1354048

MGR-1A ミサイル
By U.S. Army - Redstone Arsenal Historical Informationhttp://www.redstone.army.mil/history/archives/missiles/honest_john_06.jpg, Public Domain, https://commons.wikimedia.org/w/index.php?curid=2382109

Mk116
By USN Photo by J. Chassee - US Naval Weapons Center, China Lake, California, Public Domain, https://commons.wikimedia.org/w/index.php?curid=5591616

M47A2
CC BY-NC 3.0 AU, Public Domain, https://www.awm.gov.au/collection/C1235806

ランチハンド作戦
By USAF - National Museum of the U.S. Air Force photo 071002-F-1234P-022, Public Domain, https://commons.wikimedia.org/w/index.php?curid=3455354

抑止力っていうけれど

9.11
By Michael Foran, CC BY 2.0, https://commons.wikimedia.org/w/index.php?curid=11785530

第三次インド・パキスタン戦争
By en, https://id.wikipedia.org/w/index.php?curid=246348

ドミニク作戦
Public Domain, https://commons.wikimedia.org/w/index.php?curid=166122
By ENERGY.GOV - HD.10.289, Public Domain, https://commons.wikimedia.org/w/index.php?curid=35935797

キーン・ソード 2015
creativecommons.org/licenses/by-sa/2.0/
https://www.flickr.com/photos/navalsurfaceforces/15626628759/in/photolist-NL1wH8-pMpTRT-QBNXCq-q5kPtK-2bFnSGq-2c1HoqD-pN9k54-2bqg4XA-q6zGKb-q5TjNW-q2kRVT-qsKTxS-q7apCk-2bqg4Vb-ryNDXq-QEjHBY-2buTCRW-pM4wLX-QEjHtG-q3EpsX-pQNTeD-NQqsfD-p8LzxF-2cB4qvM-py3AEA-cvcFAf-2cVyHqn-q7apxF-ckQEBG-q8ednR-p6NE5f-92mRDi-8Zg2BY-q3Epqc-q4ruFo-q4LBwt-9g6Xqe-duTv7w-26sFVub-paiX7V-pNSyr2-pNSyiM-9ga4iu-pNSmFZ-cM3SMQ-pNSyig-pQWgpN-p9atCu-dtK7H8-pNzL92

被爆者への医療面の対応

厚生労働省の調査
https://www.mhlw.go.jp/stf/seisakunitsuite/bunya/0000049130.html
厚生労働省ホームページを参照し作成。

世界のヒバクシャ

サンビーム作戦
By Federal Government of the Unites States - This image is available from

the National Nuclear Security Administration Nevada Site Office Photo Library under number 760-5-NTS.This tag does not indicate the copyright status of the attached work. A normal copyright tag is still required., Public Domain, https://commons.wikimedia.org/w/index.php?curid=940616

セミパランチスクの奇形児
By Perrona Patrick André Perron - Own work, CC BY 3.0, https://commons.wikimedia.org/w/index.php?curid=5524858

Ⅱ　新たなる脅威
核テロリズムの脅威
9.11
By UA_Flight_175_hits_WTC_south_tower_9-11.jpeg: Flickr user TheMachineStops (Robert J. Fisch)derivative work: upstateNYer - UA_Flight_175_hits_WTC_south_tower_9-11.jpeg, CC BY-SA 2.0, https://commons.wikimedia.org/w/index.php?curid=11786300

増加する核物質
日本のプルトニウム国内・国外在庫量
Web サイト「核情報」http://www.kakujoho.net/ndata/pu_jp.html ほかを参考に作成。

原子力平和利用と核拡散
ウラン 235 の割合
By Fastfission - Own work, Public Domain, https://commons.wikimedia.org/w/index.php?curid=1169063

核分裂反応
By User:Fastfission - Own work, Public Domain, https://commons.wikimedia.org/w/index.php?curid=522592　を元に作成。

デーモン・コア
By Los Alamos National Laboratory - From LANL's report on criticality accidents, 2000, http://www.csirc.net/docs/reports/la-13638.pdf PDF at http://www.csirc.net/library/la_13638.shtml, Public Domain, https://commons.wikimedia.org/w/index.php?curid=114470

イランの核開発問題
イラン　ブーシエル発電所
By foam from Elgaland Vargaland - scale model of a nuclear power plant (civilian) in the Iranian pavilionUploaded by ChNPP, CC BY-SA 2.0, https://commons.wikimedia.org/w/index.php?curid=11986903

女性科学者の写真
By English WP where it was uploaded by Zereshk., Public Domain, https://commons.wikimedia.org/w/index.php?curid=1008762

北朝鮮の核問題
寧辺核施設
By Keith Luse, Senior Professional Staff Member, U.S. Senate - http://

iis-db.stanford.edu/evnts/5220/gallery/images/IMG_2009.jpg, Public Domain, https://commons.wikimedia.org/w/index.php?curid=3945145

火星 15
By Heriberto Arribas Abato - Own work, CC BY-SA 4.0, https://commons.wikimedia.org/w/index.php?curid=64690412

北朝鮮ミサイル範囲
https://www.zerohedge.com/news/2017-10-11/north-korea-preparing-fire-multiple-short-range-missiles-next-week-report を参照し作成。

進まない核軍縮
2018 年度核弾頭データ
http://www.recna.nagasaki-u.ac.jp/recna/bd/files/NuclearWH2018JPN.pdf

冷戦の復活──トランプ政権の新たな核戦略
R-36
By Vadim Tolbatov - Own work, CC BY-SA 4.0, https://commons.wikimedia.org/w/index.php?curid=67280368

Ⅲ　核兵器をなくすためには
「非人道性」からのアプローチ
国際連合会議場
By Patrick Gruban, cropped and downsampled by Pine - originally posted to Flickr as UN General Assembly, CC BY-SA 2.0, https://commons.wikimedia.org/w/index.php?curid=4806869

黒こげの少年
By Yosuke Yamahata - http://www.noorderlicht.com/en/archive/yosuke-yamahata/, Public Domain, https://commons.wikimedia.org/w/index.php?curid=66792817

ヒロシマ全壊地図
By User:W.wolny - ibiblio.org a collaboration of the centerforthepublicdomain.org, Public Domain, https://commons.wikimedia.org/w/index.php?curid=256172

非核兵器地帯
非核兵器地帯世界地図
CC BY-SA 3.0, https://commons.wikimedia.org/w/index.php?curid=406969 を使用し作成。

核兵器禁止条約
チャガン核実験
D.E. Ayunov, A.D. Duchkov, S.A. Kazantsev, V.V. Romanenko, S.B. Subbotin, Present thermal regime of Lake Atomic (Semipalatinsk test site), In Russian Geology and Geophysics, Volume 58, Issue 7, 2017, Pages 864-867, ISSN 1068-7971, https://doi.org/10.1016/j.rgg.2017.06.009.

「核の傘」の国

By Neegzistuoja - Own work, CC BY-SA 4.0, https://commons.wikimedia.org/w/index.php?curid=63210991 を元に作成。

ハンフォード核実験場

By ENERGY.GOV - Hanford Richland Waste Cleanup, Public Domain, https://commons.wikimedia.org/w/index.php?curid=36089994

マヤーク核技術施設

By Ecodefense/Heinrich Boell Stiftung Russia/Slapovskaya/Nikulina, Attribution, https://commons.wikimedia.org/w/index.php?curid=15911584

ICAN とヒバクシャ

ICAN ロゴ

By Kkaaii - Own work / http://www.icanw.org/wp-content/uploads/2012/08/AFRICA-BROCHURE-FRANCAIS4.pdf, CC BY-SA 4.0, https://commons.wikimedia.org/w/index.php?curid=63216264

ICAN フィン事務局長と面会する高校生平和大使

共同通信。

「ICAN」の人道的誓約に対する各国の姿勢

By Neegzistuoja - Own work, CC BY-SA 4.0, https://commons.wikimedia.org/w/index.php?curid=63210991
http://www.icanw.org/the-facts/nuclear-arsenals/ を参考に作成。

パグウォッシュ会議

第 1 回パグウオッシュ会議

https://pugwashconferences.files.wordpress.com/2014/02/1957_pugwash_group.jpg

第 63 回パグウオッシュ会議世界大会議参加者たち

共同通信。

核物質はどうする？

RECNA 作成 2018 核物質ポスター

http://www.recna.nagasaki-u.ac.jp/recna/bd/files/FissileMat2018JPN.pdf

Ⅳ　これからの日本の取り組み
核のジレンマ

高速増殖炉

By User:Fastfission - Own work, Public Domain, https://commons.wikimedia.org/w/index.php?curid=522592　を元に作成。

もんじゅ

By IAEA Imagebank - 04790003, CC BY-SA 2.0, https://commons.wikimedia.org/w/index.php?curid=58287277

核抑止からの脱却

日米安全保障条約の署名

By World Imaging - Own work, photographed at Japan Foreign Ministry Archives, CC BY-SA 3.0, https://commons.wikimedia.org/w/index.php?curid=12845246

ケネディとマクナマラ

By Cecil (Cecil William) Stoughton, 1920-2008, Photographer (NARA record: 4538278) - U.S. National Archives and Records Administration, Public Domain, https://commons.wikimedia.org/w/index.php?curid=16895054

アメリカ軍の哨戒機と駆逐艦

By U.S. Navy - Official U.S. Navy photograph [1] via vpnavy.com, Public Domain, https://commons.wikimedia.org/w/index.php?curid=18189027

北東アジア非核兵器地帯

https://commons.wikimedia.org/wiki/File:BlankMap-World6.svg を使用し作成。

被爆者・被爆地の声とその継承

献花するオバマ大統領

By U.S. Embassy Tokyo from Japan - Japan Obama Hiroshima, CC BY 2.0, https://commons.wikimedia.org/w/index.php?curid=66289698

Peace Caravan 隊ほかの活動

著者より提供。

著者紹介

鈴木達治郎（すずき・たつじろう）

1951 年大阪府生まれ。長崎大学核兵器廃絶研究センター長・教授。

1975 年東京大学工学部原子力工学科卒業。1979 年マサチューセッツ工科大学プログラム修士修了。
工学博士（東京大学）。2010 年 1 月より 2014 年 3 月まで内閣府原子力委員会委員長代理を務めた。
核兵器と戦争の根絶を目指す科学者集団パグウォッシュ会議評議員として活動を続けている。近著
に『アメリカは日本の原子力政策をどうみているか』（岩波ブックレット、共編、2016 年）『核の
ない世界への提言──核物質から見た核軍縮（RECNA 叢書）』（法律文化社、監訳、2017 年）、『核
兵器と原発 日本が抱える「核」のジレンマ』（講談社現代新書、2017 年）、『核の脅威にどう対処す
べきか：北東アジアの非核化と安全保障（RECNA 叢書）』（法律文化社、共編著、2018 年）などが
ある。

光岡華子（みつおか・はなこ）

1995 年、佐賀県生まれ。長崎大学教育学部 4 年生。2016 年 12 月〜 2017 年 9 月まで「ナガサキ・
ユース代表団」（長崎県、市、大学で構成される人材育成プロジェクト）5 期生として活動。メン
バーの一員として、2017 年、核兵器禁止条約第 1 回交渉会議、NPT 再検討会議第 1 回準備会合に
参加。4 期生がスタートさせた、各地で行う「平和」についての出張講座活動「Peace Caravan」
を引き継ぎ、2017 年 10 月に学生の任意団体「Peace Caravan 隊」として発展させ、現在その代表
を務める。ナガサキ・ユース代表団 5 期生 OG として、2018 年の NPT 再検討会議第 2 回準備会合
にも参加。現在は、平和活動のための NPO 法人の設立等を模索中。なお Peace Caravan 隊として
の活動は、2016 年の活動開始から 2018 年 7 月まで約 60 回、約 6,900 名を対象として行っている。

こんなに恐ろしい核兵器　②核兵器のない世界へ

2019 年 1 月 31 日　第 1 版第 1 刷発行

［著者］　鈴木達治郎・光岡華子　ⓒ Tatsujiro Suzuki, Hanako Mitsuoka
［発行者］　荒井秀夫
［装幀］　辻髙建人
［発行所］　株式会社ゆまに書房
　　　　　〒 101-0047　東京都千代田区内神田 2-7-6
　　　　　tel. 03-5296-0491 / fax. 03-5296-0493
　　　　　http://www.yumani.co.jp
［印刷・製本］　シナノ パブリッシング プレス

2019 Printed in Japan　ISBN978-4-8433-5409-4 C0331
落丁・乱丁本はお取り替えいたします。定価はカバー・帯に表記してあります。